AF250519

LA
CRÉANCE JECKER

LA
CRÉANCE JECKER

RÉPONSE A M. DE KÉRATRY

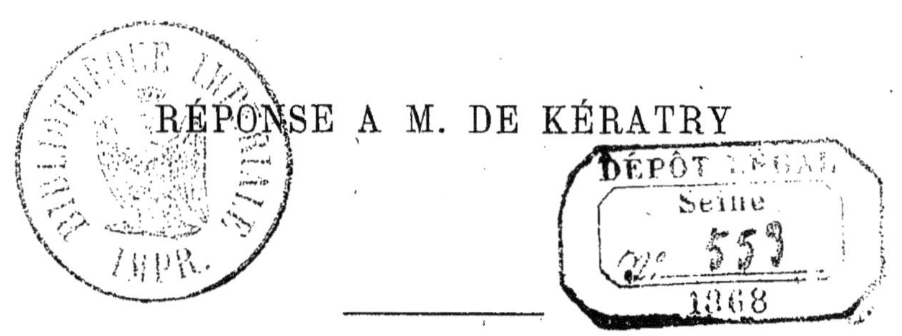

EXTRAIT DE LA REVUE CONTEMPORAINE

(LIVRAISON DU 15 JANVIER 1868)

PARIS

BUREAUX DE LA REVUE CONTEMPORAINE

Rue du Faubourg-Montmartre, 17

1868

LA CRÉANCE JECKER

RÉPONSE A M. DE KÉRATRY

AVANT-PROPOS

La *Revue contemporaine* a publié dans son numéro du 15 novembre dernier un article étendu, intitulé : *La Créance Jecker*. L'auteur de ce travail reproduisait, en les amplifiant, des allégations aussi contraires à la vérité qu'attentatoires à notre honneur. Nous avons cru devoir, en raison surtout de l'autorité dont jouit ce recueil et du caractère honorable qu'il communique aux écrits qu'il édite, ne pas laisser sans réponse cet article, qui se présentait d'ailleurs sous des dehors sérieux de nature à en imposer au public. Nous avons trouvé chez le directeur de la *Revue contemporaine* un accueil impartial et courtois : notre réponse, si longue qu'elle fût, a été insérée *in extenso* dans le numéro du 15 janvier 1868. Nous la reproduisons ici, en y ajoutant quelques développements nouveaux. Nous avons lieu d'espérer que cet exposé, qui s'appuie sur des documents authentiques, suffira pour éclairer l'opinion et imposera désormais silence aux calomnies accumulées depuis trop longtemps contre nous avec tant de persistance et d'injustice.

J.-B. JECKER.

Paris, 20 janvier 1868.

LA
CRÉANCE JECKER

RÉPONSE DE M. JECKER A M. DE KÉRATRY

On a beaucoup parlé de l'affaire des bons du 20 0/0, dits *bons Jecker*, sans la connaître et sans essayer même de la comprendre. Elle a servi de pâture à la calomnie et à l'esprit de parti, qui se sont efforcés de la dénaturer et de la rendre odieuse. Cette affaire est cependant bien simple, puisqu'il s'agit uniquement d'une opération de conversion combinée avec un dégrèvement de tarif et de contributions. Examinée avec impartialité, elle présente un caractère bien différent de celui qu'on a prétendu lui donner.

Vers le milieu de l'année 1859, le général Miramon, après avoir pacifié une grande partie de la République mexicaine, fut nommé président substitut et reconnu en cette qualité par le corps diplomatique. Comme les finances se trouvaient épuisées, il songea à les organiser et à relever autant que possible le crédit public. Son intention était d'opérer la conversion de toute la dette ancienne ; mais il se limita, pour le moment, à faire une conversion partielle, et seulement pour la somme de quinze millions de piastres. Il fit part de son projet à la maison J.-B. Jecker et C⁰, alors une des principales maisons du Mexique, et l'engagea à donner sa garantie pour la moitié des intérêts. Cette maison, voyant dans la combinaison qu'on proposait une affaire qui devait parfaitement convenir au commerce, accepta, moyennant certaines conditions qu'il est inutile d'énoncer ici, pour ne pas trop allonger cet exposé. On verra par la traduction suivante du décret publié le 29 octobre 1859, quelles furent les conditions de cette conversion.

S. Exc. M. le président substitut a daigné m'adresser le décret suivant :

Miguel Miramon, général de division et président substitut de la République mexicaine, à ses habitants, fait savoir qu'en vertu des facultés dont je suis investi, j'ai daigné décréter ce qui suit :

Article premier. — Le gouvernement suprême fait une émission de bons pour la valeur de quinze millions de piastres.

Art. 2. — On suspend l'émission pour une somme égale de bons créés par la loi du 16 juillet dernier.

Art. 3. — Les bons dont il s'agit dans le présent décret seront reçus pour un 20 p. 100 en payement de tous les droits et de toutes les contributions que doit percevoir le fisc, en exceptant le contingent national.

Art. 4. — Ces bons porteront intérêt de 6 p. 100 annuel.

Art. 5. — La moitié de l'intérêt est garantie par la maison J.-B. Jecker et C⁰, qui servira le 3 p. 100 qu'elle s'engage à payer pendant cinq ans, de six mois en six mois : du 1ᵉʳ au 30 juin et du 1ᵉʳ au 30 décembre. La signature de cette maison autorisera les bons.

Art. 6. — Le 3 p. 100 d'intérêt que doit payer le gouvernement sera représenté par coupons, qui seront reçus pour un 20 p. 100 en payement de toutes les sommes dues au Trésor, comme les bons eux-mêmes.

Art. 7. — L'intérêt commencera à compter du jour de l'émission de chaque bon.

Art. 8. — Les teneurs actuels de bons ont la faculté de convertir ceux qu'ils possèdent à présent pour des bons nouveaux, en payant 25 p. 100 pour ceux de la dernière émission qui portent intérêt, 27 p. 100 pour ceux qu'a créés la loi du 30 novembre 1850, et 28 p. 100 pour ceux de la dernière émission qui ne portent pas intérêt.

Art 9. — Ces soultes se calculeront sur le montant des bons et de leurs coupons échus, jusqu'à la date de la conversion.

Art. 10. — A cet effet, les teneurs présenteront leurs bons à la Trésorerie générale, qui, après la liquidation préalable des coupons, les amortira et délivrera aux intéressés un certificat qui spécifiera la somme totale et la provenance des bons dont on fait la conversion.

Art. 11. — Sur la présentation de ce certificat, la maison J.-B. Jecker et Ce délivrera en bons de la nouvelle émission une valeur égale à celle des bons amortis à la Trésorerie générale, après avoir perçu la somme stipulée dans l'art. 8.

Art. 12. — Aucune autorité de la République ne pourra, sous un prétexte quelconque, suspendre les effets du présent décret pour ce qui a rapport à l'amortissement des bons une fois émis, sous peine d'être destituée et inhabile pour toujours à occuper un emploi public.

Art. 13. — Ce châtiment ne peut empêcher que les fonctionnaires réfractaires soient rendus personnellement et pécuniairement responsables des torts, préjudices et dommages causés aux intéressés. Ces derniers auront le droit de poursuivre les fonctionnaires qui suspendront ou contribueront à suspendre les effets du présent décret.

En conséquence, j'ordonne qu'on imprime, publie et fasse circuler et dûment exécuter ce décret.

Donné au palais du gouvernement national de Mexico, le 29 octobre 1859.

MIGUEL MIRAMON.

A. S. Exc. M. le ministre de la justice, des affaires ecclésiastiques et de l'instruction publique, chargé du ministère des finances et du crédit public, D. Isidro Diaz.

Et je vous le communique pour son exécution. Dieu et liberté.

DIAZ.

Mexico, 29 octobre 1859.

Ce mode de dégrèvement de tarif et de contributions reçut l'accueil le plus favorable du commerce, qui se trouvait alors surchargé de droits et d'impôts. La preuve en est dans la pétition que de nombreux Français et étrangers, placés sous la protection du pavillon français, adressèrent à la légation de France, le 17 novembre 1859. On voit par son contenu qu'ils la consultaient sur cette importante affaire et la priaient d'obtenir du gouvernement mexicain une nouvelle garantie de l'exécution du décret, afin que le commerce pût baser ses opérations en vue de la durée de son exécution et jouir des bénéfices résultant de ce rabais de tarif, qui devait leur économiser près de dix millions de francs par an.

Mexico, 17 novembre 1859.

Monsieur le ministre,

Nous soussignés, nationaux et protégés de la légation de France, en vue des maux qui pèsent sur le commerce étranger, avons l'honneur de prier Votre Excellence de vouloir bien y remédier.

Votre Excellence n'ignore pas les souffrances et la ruine du commerce, surtout depuis ces dernières années.

L'état désastreux du pays, l'instabilité de toutes choses, l'anarchie profonde, les exactions, les contributions forcées, tout semble conspirer contre les intérêts du commerce étranger et vouloir précipiter sa ruine.

Dans ces tristes et déplorables conjonctures, le gouvernement suprême a rendu, le 29 octobre dernier, un décret qui, après mûre réflexion, nous semble devoir apporter un soulagement à nos misères et nous offrir de grands avantages.

Permettez-nous, monsieur le ministre, de vous demander :

1° Si les 20 p. 100 des droits payables en bons s'appliqueront aux droits d'importation et d'exportation, dans toute la République, sans distinction de provenances et de marchandises ;

2° Si ces 20 p. 100 seront reçus pour toutes les contributions, en y comprenant le contingent national ;

3° Si le gouvernement suprême garantit l'exécution de ce décret pendant cinq ans, et si le commerce étranger, pouvant le considérer comme un dégrèvement du tarif, peut, sous l'empire de ce décret, entreprendre des opérations commerciales basées sur la durée de son exécution.

Daignez, monsieur le ministre, agréer les salutations respectueuses de vos dévoués serviteurs.

(Suivent les nombreuses signatures.)

A S. Exc. M. le vicomte A. de GABRIAC, ministre plénipotentiaire et envoyé extraordinaire de Sa Majesté Impériale au Mexique.

M. le vicomte A. de Gabriac, alors ministre de France, avait pu obtenir les nouvelles garanties que le commerce demandait, et qui se trouvent consignées dans le décret rendu le 30 janvier 1860. Comme on le voit, elles confirment d'une manière plus solennelle la réduction tant du tarif que de toutes les contributions que nationaux et étrangers auraient à payer jusqu'à l'amortissement des 15 millions de piastres de bons du 20 p. 100. Voici la traduction de ce décret.

S. Exc. M. le président substitut a daigné m'adresser le décret suivant :

Miguel Miramon, général de division et président substitut de la République mexicaine, à ses habitants, fait savoir : Qu'en vertu des facultés dont je suis investi, j'ai daigné décréter ce qui suit :

Art. 1er. — Les bons émis ou à émettre par le gouvernement suprême, en vertu du décret promulgué le 29 octobre dernier, seront reçus non-seulement pour le payement du 20 p. 100 de tous les droits et contributions dus au Trésor national, conformément à l'art. 3 dudit décret, mais ils seront aussi admis, et dans une égale proportion, en payement de toute espèce d'impôts directs ou indirects, qui sont ou seront établis dorénavant, sous quelque dénomination que ce soit, et de tous les versements qui devront se faire dans les bureaux de perception, lors même qu'il s'agirait du contingent national.

Art. 2. — L'admission de ces bons pour un 20 p. 100 en payement de tous les impôts établis ou à établir, quelle que soit d'ailleurs leur dénomination, sera considérée comme un rabais sur tous les tarifs et ordonnances financières, promulguées déjà ou qui pourraient être promulguées, tant que le présent décret sera en vigueur.

Art. 3. — Les bons dont il s'agit dans le présent décret seront également admis, dans une proportion de 10 p. 100, en payement de tous les versements qui, pendant cinq années, à compter de la date de la présente loi, devront être faits au vénérable clergé de cet archevêché, à l'exception toutefois du rachat des capitaux qui appartiennent aux chapellenies.

Art. 4. — L'acte signé par le gouvernement suprême et par le vénérable clergé, aux termes duquel celui-ci accepte le payement, à raison de 10 p. 100 en bons, de toutes les redevances qui lui appartiennent, ne pourra être modifié et moins encore annulé avant l'expiration du susdit terme de cinq ans.

Art. 5. — Le présent décret ne pourra être annulé, ni modifié, ni altéré de quelque manière que ce soit, jusqu'à l'entier amortissement des bons créés par la susdite loi du 29 octobre.

Art. 6. — Comme garantie de l'exécution du présent décret et de celui du 29 octobre dernier, le gouvernement suprême en remettra des exemplaires aux légations des nations amies, afin que, faisant connaître, dans la forme ordinaire aux sujets de leurs gouvernements respectifs, la faveur que leur accorde le gouvernement de la République, elles puissent leur donner l'assurance que le présent décret sera strictement exécuté.

Et j'ordonne que le présent décret soit imprimé, publié, mis en circulation et reçoive son exécution.

Fait au palais du gouvernement national, à Mexico, le 30 janvier 1859.

MIGUEL MIRAMON.

Au ministre des finances et du crédit public don Urbano Tovar.

Et je vous communique le présent décret pour les fins de droit. Dieu et liberté!

Mexico, 30 janvier 1859.

TOVAR.

Comme on peut s'en apercevoir, le gouvernement mexicain communiqua officiellement ces deux décrets à toutes les légations étrangères qui se trouvaient alors à Mexico.

C'est ainsi que le public, de même que la maison J.-B. Jecker et C⁰, opérèrent la conversion de 15 millions de piastres de bons anciens pour une somme égale de bons nouveaux, et cela sans augmenter la dette. En outre, au moyen de a prime payée au gouvernement, la position de ces créanciers devenait meilleure que celle des autres.

Ces bons circulèrent librement dans la majeure partie de la République, jusque vers le milieu de 1860, époque à laquelle l'administration de Juarez commença à se relever, et put quelques mois après occuper la capitale. C'est alors qu'elle suspendit la circulation de ce papier, en annulant tous les actes de l'administration précédente. Néanmoins, la maison J.-B. Jecker et Cᵉ paya religieusement aux porteurs de bons, et dans les termes énoncés dans son contrat, les intérêts annuels de 3 p. 100 mis à sa charge ; soit pour cinq ans, 15 p. 100, formant un total de près de 2,250,000 piastres ou 11,250,000 francs, tandis qu'elle n'avait reçu du gouvernement, pour effectuer ce payement, que 10 p. 100. Toutefois, ce dernier chiffre aurait suffi pour les couvrir, si le gouvernement mexicain avait, de son côté, rempli ses engagements, ainsi qu'il en avait pris l'obligation formelle. Le dernier semestre des intérêts de 3 p. 100 par an, à la charge de ladite maison, est échu le 30 juin 1865, de sorte qu'on ne peut présenter un seul bon du 20 p. 100 qui n'ait reçu les intérêts garantis par cette maison.

Cette affaire resta en suspens jusqu'à l'époque de l'intervention française, qui en prit tout d'abord occasion pour exiger l'application pure et simple du tarif du 29 octobre 1859 ; c'est-à-dire, en d'autres termes, qu'elle considérait ces décrets comme ayant établi un dégrèvement garanti par une loi, et formant pour le gouvernement mexicain un engagement solennel à l'égard des gouvernements étrangers. Plus tard, elle ne s'en occupa que dans le but de dégager le plus promptement possible le gouvernement mexicain de ses obligations, et en vue de faire payer les nombreux créanciers de la maison J.-B. Jecker et Cᵉ, parmi lesquels figurent un grand nombre de Français.

Vers le milieu de 1864, M. Corta, député au Corps législatif et délégué spécialement par le gouvernement français, fut chargé par l'empereur Maximilien de faire un rapport sur cette opération. Sans prendre en considération l'avantage énorme que le commerce étranger pouvait retirer de la combinaison primitive, en payant avec ces bons une partie des droits d'importation, M. Corta se borna à présenter un règlement qui réduisait la dette de l'Etat, et servait en même temps à payer les créanciers de la susdite maison. Comme on avait vendu, dès le principe, ces bons au public, à raison de 35 p. 100 environ, il proposa d'en abaisser la valeur à 40 p. 100, qu'on couvrirait, sans intérêt, au moyen d'un tant pour cent sur le produit des douanes. Il pensait de cette manière que l'on arriverait à amortir en quelques années le passif de la maison Jecker, et qu'on éteindrait en même temps la dette du gouvernement.

Nous reproduisons ici la copie intégrale du rapport de M. Corta :

PROJET D'ARRANGEMENT DE LA DETTE DES BONS JECKER, PRÉSENTÉ PAR M. CORTA A SA MAJESTÉ IMPÉRIALE.

L'affaire Jecker semble mériter, par son importance et à cause du bruit qu'elle a fait, une solution particulière. Cette solution pourrait donner satisfaction à de nombreux intérêts en suspens, leur rendre un essor commercial et industriel, produire en Europe un effet utile au crédit du Mexique, sans imposer des sacrifices au Trésor.

Exposé.

Le 29 octobre 1859, le président Miramon décréta qu'il serait émis quinze millions de piastres (75,000,000 de fr.) en bons destinés à amortir les anciens bons en circulation ;

Que les bons émis seraient reçus pour 20 p. 100 en payement de tous les droits et contributions à percevoir par le fisc;

Que ces bons produiraient un intérêt annuel de 6 p. 100 dont la moitié, ou 3 p. 100, seraient payés par le gouvernement, et l'autre moitié, ou 3 p. 100, seraient pendant cinq ans garantis et payés de six mois en six mois, par la maison alors puissante de Jecker et Cᵉ ;

Que les porteurs des anciens bons pourraient les convertir en bons nouveaux en payant au gouvernement une réfaction de 25, 27 ou 28 p. 100, suivant la valeur des anciens bons échangés pour les nouveaux.

Pour couvrir la maison Jecker des 3 p. 100 d'intérêts garantis par elle pendant cinq ans, c'est-à-dire de 15 p. 100, il lui était fait abandon, sur les primes de conversion ou réfaction, de 10 p. 100 de couverture et de 5 p. 100 de commission.

Il restait ainsi au gouvernement, sur les réfactions opérées, 10, 12 ou 13 p. 100, suivant que ces réfactions étaient faites à 25, 27 ou 28 p. 100.

L'opération offrait au gouvernement l'avantage de faire entrer dans ses caisses 10, 12 ou 13 p. 100 du montant des primes payées par ceux qui échangeaient les anciens bons pour les nouveaux. Elle permettait à la maison Jecker de se débarrasser des anciens bons qu'elle possédait, et de spéculer sur l'amortissement immédiat de ses bons ou de ceux qu'elle pouvait se procurer à bon marché, en touchant 15 p. 100 au moment de la conversion, tandis qu'elle avait cinq ans pour payer 3 p. 100 d'intérêts.

Le commerce était aussi appelé à bénéficier de l'opération par l'admission des bons au pair, tandis qu'ils ne valaient que 33 ou 35 p. 100, en payement des droits de toute nature, jusqu'à concurrence de 20 p. 100, mode de payement qui constituait un rabais réel de 65 à 67 p. 100, et qui fut porté officiellement à la connaissance des légations étrangères.

Le décret de Miramon, qui était en même temps un contrat avec la maison Jecker, reçut son application. Le tableau ci-après exprime la série des opérations qui furent faites par la maison Jecker.

Première conversion Jecker.

Amortissement de piastres 2,000,000 bons Zuloaga.
Montant de la réfaction ou prime de la conversion...... 500,000

Répartition.

	Sommes converties.	Pour le Trésor.	Pour la maison Jecker.
	2,000,000		
Versé à la Trésorerie......		100,000	
En fourniture de vestiaire au gouvernement		70,000	
En bons Peza............		30,000	
10 p. 100 sur 2,000,000 pour couvrir Jecker de la moitié des intérêts des bons.....			200,000
5 p. 100 de commission sur 2,000,000................			100,000
Montants...............	2,000,000	200,000	300,000

2ᵉ *Conversion de Jules Bornèque.*

Amortissement de 6,000,000 en bons Peza.............. 6,000,000
Montant de la réfaction 1,500,000.

Répartition.

Versement en espèces à la Trésorerie................		150,000	
Remboursement à Jecker d'une avance faite au gouvernement................		60,000	
Remboursement en vertu d'un acte notarié..........		298,000	
En bons Zuloaga........		92,000	
10 p. 100 sur 6,000,000 piastres pour la 1/2 des intérêts des bons à la maison Jecker..			600,000
5 p. 100 de commission...			300,000
Montants...........	6,000,000	600,000	900,000

3e *Conversion de J. Bornèque.*

Amortissement de 6,378,700
   piastres de bons Peza.....   6,378,700
Prime de conversion 1,594,675
   piastres.

Répartition.

En reçu des sommes avancées au gouvernement..........		413,120	
En trois ordres du gouvernement sur les douanes maritimes, dus et non payés.....		100,000	
En bons 20 p. 100 Jecker..		24,750	
En bons anciens du 3 p. 100.		100,000	
10 p. 100 d'intérêts sur 6,378,700 piastres			637,870
5 p. 100 de commission...			318,935
Montants.............	6,378,700	637,870	956,805
Montant de la 1re conversion.	2,000,000	200,000	300,000
— 2e —	6,000,000	600,000	900,000
— 3e —	6,378,700	637,870	956,805
Montants totaux des trois conversions.............	14,378,700	1,437,870	2,156,805.

Cette opération financière avait procuré quelques ressources au gouvernement de Miramon, établi à Mexico, pour lutter contre Juarez qui occupait Vera-Cruz. Juarez triompha à la suite de la destruction de la marine mexicaine par les Américains. Le décret de Miramon, les opérations qui en avaient été la suite, les bons Jecker furent méconnus par le nouveau gouvernement, et décriés par une presse subventionnée. M. Jecker fut poursuivi et sa maison croula, entraînant dans sa ruine de nombreux créanciers, notamment les dépositaires de la caisse d'épargne.

Aujourd'hui, M. Jecker soutient qu'il a rempli, de son côté, le contrat Miramon, en payant fidèlement pendant cinq ans 3 p. 100 d'intérêts des bons, et il réclame l'exécution du même contrat par le gouvernement actuel, comme successeur du gouvernement de Miramon, reconnu par les puissances, c'est-à-dire l'admission de ses bons s'élevant à près de 15,000,000 en payement, au pair, de toutes contributions, jusqu'à concurrence de 20 p. 100. Il paraît résulter des renseignements puisés à bonne source, que sur les 15,000,000 de piastres de bons émis par le gouvernement de Miramon, Jecker et Ce ont converti. 14,378,700 piastres »

Ils ont vendu à divers................. 700,450 — 64

Il reste en leur pouvoir ou celui des liquidateurs................................. 13,678,249 piastres 36 c.

Report...... 13,678,249 piastres 36 c.

Selon les données de la Trésorerie générale,
il a été amorti.............................. 329,940   »

Bons en circulation partiellement amortis.   991,810   64

Total......... 15,000,000 piastres » c.

Le passif de la faillite de la maison Jecker s'élève à 5,000,000.

Solution proposée.

En équité, à raison de la nature du contrat et de son exécution, eu
égard aussi à la situation passive de la maison Jecker, la créance doit
subir une certaine réduction. En réduisant la valeur des bons Jecker à
40 p. 100, les 13,678,249 piastres 36 c. que la maison en liquidation possède produiraient...................., 5,471,299 piastres 75 c.

Cette somme permettrait à la maison Jecker
de payer ses créanciers en leur servant un faible
intérêt jusqu'à l'époque probable du complet
payement de la dette. En mettant les autres
bons en circulation au même taux de 40 p. 100,
et en supposant les 991,810 piastres 64 c. non
amortis, même en partie, ils produiraient..... 396,724   25

La somme à reconnaître pour les bons dits
Jecker s'élèverait à........................ 5,868,024 piastres » c.

Pour payer cette somme, il suffirait d'y affecter 20 p. 100 sur les revenus des douanes, à prendre sur le 50 p. 100 dont ses revenus ont été
dégrevés par l'intervention française, et qui devraient être rétablis.

Le gouvernement saisirait ainsi l'occasion favorable de rétablir des
droits qui ont été réduits sans utilité sensible pour le commerce. La dette
Jecker, qui affecte tant d'intérêts, serait éteinte au moyen de 20 p. 100
sur les droits des douanes, et le Trésor bénéficierait de 30 p. 100 sur ces
mêmes droits. La base ci-dessus proposée serait, on a lieu de le croire,
acceptée par les créanciers Jecker. Il pourrait être en outre stipulé que
les 20 p. 100 affectés à ses nombreux créanciers seraient distribués, tous
les six mois, par voie d'adjudication au rabais. Cette mesure aurait pour
résultat de réduire les créances, de hâter le payement du solde et de procurer une économie au Trésor.

Conclusion.

En résumé, la créance Jecker peut être éteinte de manière à satisfaire
de nombreux intéressés et sans imposer de sacrifices au Trésor, au moyen
1° de la réduction de la créance à 40 p. 100 ; 2° du rétablissement de
droits, réduits par l'intervention française sur les revenus des douanes ;
3° de l'affectation aux bons Jecker réduits de 20 p. 100 sur le produit des
droits de douane rétablis ; 4° de la distribution semestrielle du produit du
20 p. 100 aux porteurs des bons, par adjudication au rabais.

L'empereur Maximilien ne s'en tint pas aux conclusions de M. Corta, et voulut consulter également le Conseil d'Etat. Celui-ci fut d'avis d'accorder aux porteurs de bons 50 p. 100 de leur valeur, et sur les 15 p. 100 d'intérêts échus qui étaient dus par le gouvernement, et qu'il n'avait pas payés, de leur assurer un intérêt annuel de 3 p. 100, à compter du jour de la signature du règlement. Il proposait en outre d'affecter au payement de cette créance un tant pour cent sur le produit des douanes, à peu près comme l'avait proposé M. Corta.

Sur les instances de M. Bonnefons, inspecteur des finances, et de M. de Montholon, ministre de France, qui pressaient la conclusion de cette affaire, le Conseil des ministres modifia encore le projet de M. Corta, malgré la résolution émise par le Conseil d'Etat. Il ne voulut reconnaître que 40 p. 100 de la valeur des bons du 20 p. 100, qui se trouvaient encore en circulation, sans payer aucun intérêt, et s'engageant à verser aux intéressés un million de piastres par an, payable par tiers, chaque quatre mois, jusqu'à l'amortissement des bons, qui devait se faire par voie d'adjudication au rabais. La maison Jecker opposait une vive résistance à accepter cet arrangement, mais elle dut céder aux menaces qu'on lui fit de ne plus s'occuper du règlement de son affaire, si elle ne se résignait à admettre les propositions qu'on lui faisait. Elle apposa donc sa signature à la transaction intervenue le 10 avril 1865, et dont nous reproduisons le texte :

Réglement de l'affaire des bons Jecker, entre le sous-secrétaire du ministère des finances et du Crédit public, et la maison Jecker et Cie.

1° Le capital qui représente chaque bon Jecker souffrira un escompte de 60 p. 100. Ces bons ne porteront pas intérêt.

2° Est affectée la somme d'un million de piastres par an à l'amortissement de cette créance, lequel s'effectuera de la manière suivante :

3° Tous les quatre mois il sera tenu une enchère pour amortir au plus offrant et dernier enchérisseur les bons Jecker, qui seront admis au plus pour leur valeur nominale.

4° La maison Jecker et Cie s'engage à obtenir des autres porteurs de bons Jecker leur assentiment au présent règlement.

Mexico, le 10 avril 1865.

MONTHOLON.

Le sous-secrétaire des finances.

F. CAMPILLO.

N. DOUSDEBÈS.   J.-B. JECKER ET Cᵉ.

Lors de cet arrangement, il restait à la maison Jecker des bons du 20 p. 100 pour une somme de piastres. . . . . 13,678,249 36 ainsi qu'on le voit par le rapport de M. Corta.
Elle avait acheté depuis, piastres. 171,750 64

Ensemble, qu'elle possédait le 10 av. 1865, p. 13,850,000 00
On doit en déduire le montant des bons vendus aux enchères, le 29 juillet suivant, conformément au règlement du 10 avril antérieur. . . 770,000 »»

Solde qui lui restait le 29 juillet suivant. . . 13,080,000 »»

Voyant que le recouvrement de cette somme serait très lent de la manière dont il devait s'effectuer, et qu'elle ne pouvait compter sur son produit pour payer ses créanciers, elle proposa au gouvernement de l'empereur Maximilien de faire un escompte considérable sur l'opération qu'elle venait de conclure, en lui cédant en outre diverses valeurs et propriétés importantes, sous la condition expresse qu'une partie de la créance serait payée au comptant, et le reste au 31 décembre 1865, soit en argent, soit en traites sur la Commission mexicaine des finances, établie à Paris. Le contrat authentique fut passé dans ces termes le 25 août 1865. En vertu de cet acte, la maison Jecker fit un escompte de 700-mille piastres, reçut 2 millions 532 mille piastres, et aurait dû recevoir 2 millions de piastres pour solde, le 31 décembre suivant, comme on le voit par la traduction du contrat suivant.

En la capitale impériale de Mexico, le 25 août 1865, par-devant moi, notaire du Trésor public, et notaire public de l'Empire, ainsi que les témoins, a comparu M. Jean-Baptiste Jecker, en qualité de représentant de la Société nommée J.-B. Jecker et Cⁱᵉ, muni de son certificat de matricule, que je lui rendis après en avoir pris connaissance. Le susdit certificat lui a été délivré, comme à un sujet français, par M. le sous-secrétaire du ministère des affaires étrangères, le 25 août 1863, sous le numéro 175. Je certifie connaître le comparant, qui est domicilié dans cette ville, et je dis : qu'il vient de célébrer avec M. le sous-secrétaire du ministère des finances un contrat que S. M. l'Empereur Maximilien Iᵉʳ a daigné approuver, le 23 du même mois, pour le payement d'une créance que la susdite Compagnie possède contre le Trésor, provenant d'un autre arrangement fait le 10 avril de la même année, relativement aux bons connus sous le nom de Bons Jecker ; et que devant faire notarier le susdit arrangement, afin de lui donner un exact et ponctuel accomplissement, pour lequel le ministère des finances a adressé au notaire soussigné l'ordre annexé au protocole ; le comparant le met à exécution en son nom et en celui de la susdite maison ou société, dans les voies et formes que le droit requiert ; et, en conséquence, il déclare : qu'il a fait et conclu avec le gouvernement de Sa Majesté Impériale le contrat indiqué, qui a été approuvé, dont il reste au présent registre une copie signée par M. le chef de la section respective du ministère des finances, et qui certifie que la teneur est comme suit : « Nous approuvons le règlement fait entre notre sous-secrétaire du ministère des finances et MM. J.-B. Jecker et Cᵉ, dans les termes suivants : La créance de MM. J.-B. Jecker et Cᵉ reste réduite à la somme de cinq millions deux cent trente-deux mille piastres (5,232,000 piastres), de laquelle ils font un rabais de sept cent mille piastres (700,000 piastres) en faveur du gouvernement. Il leur reste dû quatre millions cinq cent trente-deux mille piastres (4,532,000 piastres). Cette somme leur sera payée de la manière suivante : en traites sur Paris payables le 15 octobre prochain, un million cinq cent trente-deux mille piastres (1,532,000 piastres) ; en traites sur Paris payables le 15 décembre prochain, un million de piastres (1,000,000 de piastres). En argent effectif, le 31 décembre prochain, avec les produits dont lesdits créanciers ont connaissance, le gouvernement prend l'obligation de compléter cette somme, à défaut de ces produits, en traites sur Paris payables le 15 février prochain, deux millions de piastres (2,000,000 de piastres). Somme égale : quatre millions cinq cent trente-deux mille piastres (4,532,000 piastres). MM. J.-B. Jecker et Cᵉ, en recevant les susdites sommes, soit en traites ou en argent effectif, délivreront la quantité de bons dits Bons Jecker qui correspond à chaque somme qu'ils recevront, d'après la valeur légale qu'on leur a donnée par le contrat antérieur. De manière que lesdits créanciers pourront retenir en leur pouvoir la quantité de bons correspondant aux deux millions de piastres qu'ils doivent recevoir le 31 décembre prochain ; de sorte que ces bons leur serviront de garantie pour ce dernier payement. A titre de compensation pour l'anticipation de payement que le gouvernement suprême leur fait, MM. J.-B. Jecker et Cᵉ, outre le rabais de sept cent mille piastres qu'ils font sur leur créance, feront donation au même gouvernement des valeurs suivantes : La ligne télégraphique de Mexico à Léon, qui se trouve déjà établie, de même que les lignes suivantes qu'ils seront obligés d'établir : la ligne de Mexico à Tampico, en passant par Pachuca, Tulancingo, Zacualtipan, etc.; la ligne de Léon à Guadalaxara ; la ligne d'Amozoc, par Jalapa à Vera-Cruz ; la ligne de Mexico à Cuernavaca ; et finalement les susdits MM. J.-B. Jecker et Cᵉ cèdent en propriété au gouvernement la propriété rurale de Michapa, dans le dictrict de Texcala, à douze lieues de Cuernavaca, d'une contenance de cent quarante-cinq millions sept cent sept mille deux cent quarante-huit vares carrées de superficie, avec abondance d'eau, de forêts et de terrains propres à la culture. Ces valeurs doivent être délivrées par MM. J.-B. Jecker et Cᵉ ; la ligne télégraphique de Mexico à Leon, pour le mois de janvier prochain ; — les autres lignes mentionnées, qui doivent se construire, dans le terme de deux ans à compter dès aujourd'hui, et en donnant les garanties nécessaires pour son exact accomplissement. De son côté, le gouvernement concède l'exemption de droits d'importation pour les matériaux que MM. J.-B. Jecker et Cᵉ devront introduire dans l'Empire pour l'établissement desdites lignes télé-

graphiques. — Donné à Mexico, le 23 août 1865. — Maximilien. — Ceci
est la copie de l'original qui existe dans ce ministère. — Mexico, 25 août
1865. — Le chef de la section, J.-M. Calvo. » Sous ces conditions,
MM. J.-B. Jecker et Cᵉ, déclarent parfait et définitivement réglé, le susdit contrat, sans donner à ses clauses d'autre sens et interprétation que
ceux qu'elles ont littéralement, le comparant, pour la Compagnie qu'il représente, s'oblige à l'observer fidèlement et ponctuellement maintenant et
en tout temps, à ne jamais réclamer contre lui, sous aucun prétexte ni
motif, sous peine que, par le fait de le tenter, et en outre de n'être en-
tendu ni judiciairement ni extrajudiciairement, il désire et consent qu'il
soit vu, approuvé et de nouveau ratifié avec plus de fermeté, en ajoutant
force à force, contrat à contrat, et en condamnant au payément de tous les
frais, dommages et préjudices qui s'occasionneront au Trésor impérial, en
laissant ce qui exige une preuve à la simple déclaration de celui qui sera
la partie légitime pour cet effet. Il se dessaisit dès à présent du droit de
propriété, domaine et seigneurie qu'il a eu, et lui correspond sur la susdite
propriété rurale de Michapa, et il le cède entièrement et le transfère avec
toutes ses actions sur le gouvernement de Sa Majesté Impériale, pour qu'il
en use et en dispose dès ce moment à sa volonté, et qu'il en prenne la
possession réelle qui lui correspond de droit en vertu de ce contrat, en le
constituant dans l'intervalle pour son locataire en forme légale ; le présent
acte lui servant de titre translatif de possession s'il le juge à propos ; et le
comparant oblige sa maison à l'éviction et à la garantie dans la forme légale ; s'obligeant en outre à l'accomplissement efficace des autres conditions du contrat, se conformant à ce que prévient la loi seconde, titre
seize, livre cinquième de la *Recopilacion*, qui prévient que l'obligation,
en quelque manière qu'il apparaisse qu'on ait voulu la contracter, doit
subsister. Le comparant oblige à l'accomplissement de cet acte les biens
que possède et pourra posséder sa maison, et les soumet, en son nom et
en celui de sa maison, à la juridiction de MM. les juges et de la justice de
l'Empire, de quelque part qu'ils soient, afin qu'à ce qui a été convenu, et
en tout temps, ils le forcent et l'obligent comme si c'était par suite d'une
sentence consentie et passée en autorité de chose jugée ; il renonce aux
priviléges d'étranger qu'ils pourraient réclamer, ainsi que toutes les
lois, en quelque sens que ce soit, qui pourraient le favoriser dans
la présente affaire, même celles qui exigent une mention spéciale,
ainsi que celle qui prohibe la renonciation générale.

Et se trouvant présent le sous-secrétaire du ministère des finances,
M. F.-P. César, que je certifie connaître, et après avoir pris connaissance
de la teneur de cet acte, qu'il a lu entièrement, a déclaré : qu'au nom du
gouvernement de S. M. I. il l'accepte selon son contenu, offrant d'observer les conditions qui le regardent. C'est dans ces termes qu'ils ont passé
acte et signé étant témoins don J. Avindano, ainsi que mes collègues, don
J.-V. Perra et don J. Baz Guzman, de cette ville, ce que je certifie.
F.-P. César. J.-B. Jecker et Cᵉ, Auguste Perez de Lara, notaire public, ainsi
que du ministère des finances.

En marge de la minute de l'acte, dont la présente n'est qu'une copie, on y a ajouté en date de ce jour l'annotation suivante : Mexico, 25 octobre 1865. MM. Jecker et C⁰ m'ont présenté aujourd'hui l'ordre suprême, que j'ajoute dans cet endroit, dont le contenu est le suivant : Ministère des finances. Section quatrième. Mexico, 13 octobre 1865. Comme MM. J.-B. Jecker et C⁰ ont reçu des traites sur Paris, sur la commission des finances mexicaine établie à Paris, pour la somme de deux millions cinq cent trente-deux mille piastres (2,532,000 piastres), suivant leur contrat du 25 août 1865 ; et en conséquence, comme ils ont délivré à ce ministère deux cent quatre-vingt-sept mille neuf cent quatre-vingt onze bons, montant à une somme nominale de sept millions trois cent sept mille sept cent quatorze piastres (7,307,714 piastres), et égale à celle de trois millions cinq cent neuf mille sept cent quatorze piastres (3,509,714 piastres), évaluée à 40 p. 100 de payement, qu'ils se trouvaient dans l'obligation de délivrer, en vertu du susdit contrat. Conformément à leur demande, vous ferez insérer dans le protocole de l'acte qu'ils ont souscrit à la date déjà mentionnée, l'annotation correspondante, pour que le compromis soit diminué de la somme délivrée ; devant avertir que cette somme est l'équivalent de la valeur des traites sur Paris, plus neuf cent soixante-dix-sept mille sept cent quatorze piastres (977,714 piastres), partie proportionnelle des sept cent mille piastres (700,000 piastres) du rabais stipulé en faveur du gouvernement. Le sous-secrétaire du ministère des finances : F.-P. César. — M. le notaire du ministère des finances, don Agustin Perez de Lara. — En obéissant à l'ordre qu'on m'a donné, je transcris l'annotation présente, pour le but qu'indique l'ordre suprême inséré, en date indiquée plus haut : ce que je certifie, Agustin Perez de Lara. — Pour qu'il y ait une constance, je transcris la présente, avec la date de son annotation. Ce que je certifie, Agustin Perez de Lara.

En marge de la minute de l'acte numéro 181 de l'année 1865, dont la copie précède, il existe l'annotation suivante : Mexico, 24 mai 1866. MM. Jecker et C⁰ m'ont présenté aujourd'hui la communication que je joins au présent registre, dont le contenu, que je certifie, est comme suit : Ministère des finances. Mexico, 16 janvier 1866. Le 13 octobre 1865 on vous a prévenu par ce ministère que MM. J.-B. Jecker et C⁰ avaient délivré à la Caisse centrale, conformément au contrat qu'ils célébrèrent avec le gouvernement suprême le 25 août dernier, des bons du 20 p. 100 pour une valeur nominale de sept millions trois cent sept mille sept cent quatorze piastres (7,307,714 piastres). Les susdits messieurs ont délivré en plus à la même Caisse centrale, en bons du 20 p. 100, une somme nominale de cinq millions sept cent soixante-douze mille deux cent quatre-vingt-six piastres (5,772,286 piastres), laquelle somme, unie à la précédente, forme celle de treize millions quatre - vingt mille piastres (13,080,000 piastres), valeur nominale en bons du 20 p. 100, qui forme le montant de ce qu'ils doivent délivrer, conformément à leur susdit contrat. On vous le communique, afin que vous en fassiez l'annotation respective sur l'acte déjà mentionné. — Le sous-secrétaire du ministère des finances, E. Villalva. — M. le notaire du ministère des finances. — En obéissant à l'ordre qu'on m'a donné, qui se trouve transcrit, je fais figurer la présente avec la date déjà citée plus haut. Ce que je certifie. Agustin Perez de Lara, notaire du ministère des finances. — A la demande de MM. Jecker et Cᵉ, et pour les mettre à couvert, je transcris la présente à Mexico le 24 mai 1866. Agustin Perez de Lara, notaire public et du ministère des finances.

Cette maison avait ainsi rempli toutes les conditions de son contrat, et déjà délivré au Trésor le reste des 13,080,000 piastres de ses bons pour y être amortis, sous la promesse formelle qu'on lui avait faite de remettre les traites sur Paris, lorsque M. Langlais, conseiller d'Etat, s'opposa, par suite d'instructions du gouvernement français, à ce que le gouvernement mexicain effectuât ce payement, quoique celui-ci eût le plus vif désir et les moyens de faire honneur à sa signature.

Comme, en 1862, la maison Jecker se trouvait dans la position la plus délicate et la plus compromettante, par suite des événements politiques qui se passaient au Mexique, elle n'a pu ni répondre aux assertions injurieuses qu'on s'est plu à répandre de toutes parts, ni réfuter les allégations mensongères de la brochure de M. Manuel Payno, dans laquelle la calomnie s'est empressée d'aller chercher des armes. C'est cette brochure, en effet, qui a fourni tous les arguments dirigés contre la maison Jecker, et les accusations absurdes, imaginées à plaisir et sans aucune espèce de fondement, dont elle a été l'objet. N'ayant pu se défendre, à cette époque, elle avait jugé inutile d'appeler de nouveau l'attention publique sur cette affaire. Mais puisque M. de Kératry a cru devoir la ressusciter dans un article intitulé *la Créance Jecker* et lui donner l'autorité de la publicité dans la *Revue contemporaine*, il devient nécessaire de présenter cette affaire sous son vrai jour. On fera toutefois observer que les difficultés d'une situation tout à fait personnelle, aussi bien que les graves intérêts que la maison Jecker ne saurait compromettre, commandent de renfermer cette publication dans les plus strictes limites. Elle suffira cependant, telle qu'elle est, et aux yeux de tout esprit impartial, pour que la question soit connue et appréciée sous son véritable jour, et que l'échafaudage de calomnies, si longtemps accumulées contre la maison J.-B. Jecker et Cᵉ, soit entièrement détruit.

Quelques mots d'abord sur le chef de cette maison : M. Jecker, habitant le Mexique depuis 1835, avait été commandité, dès le principe, par son frère le docteur Jecker, et était parvenu, à force de travail, d'activité et d'économie, à établir à Mexico la plus importante maison de banque de toute la République. Sa signature était très connue sur les places de Londres et Paris, avec lesquelles il faisait des affaires considérables. Il était en outre un des plus grands industriels du pays. Quant à son honorabilité et à sa probité, il n'hésite pas à invoquer le témoignage de la nombreuse population française et étrangère qui a vécu au Mexique dans le cours des trente dernières années. Uniquement occupé de la gestion de ses intérêts, et tout à fait étranger aux partis et aux dissensions politiques, il n'avait cessé, dans cette longue période, de se livrer à de nombreuses opérations notoirement avantageuses pour le pays, et à se lier d'intérêt avec les divers gouvernements qui se sont succédé au Mexique.

Malheureusement, dans ces dernières années, cédant d'un côté aux sollicitations de l'administration de Miramon et aux nouvelles propositions qui furent faites en son nom, sans prévision possible, d'autre part, des événements qui allaient s'accomplir, cette maison consentit à entrer dans la combinaison dont il a été parlé plus haut, et à prendre part à l'opération relative à la conversion des bons du 20 p. 100. On sait quels en furent les résultats, par suite de la chute du gouvernement de Miramon, avec lequel elle avait traité. Dans les circonstances où elle se trouvait alors placée, qui pourrait lui reprocher d'avoir cherché à sauver ses intérêts compromis? puis, au milieu d'un désastre aussi imprévu, d'avoir accepté des arrangements reconnus équitables, préparés par l'intervention diplomatique et consacrés, en dernier lieu, par la sanction du gouvernement impérial? Faire appel aux tribunaux du pays, comme l'indique M. de Kératry, était chose illusoire et impossible; car elle venait précisément de le tenter en vain à propos d'achats de propriétés importantes vendues par le clergé, à une époque où il avait la libre disposition de ses biens; propriétés dont elle s'est vue cependant dépouillée, bien qu'elle eût pris le soin de rendre inattaquables les ventes directes faites par le clergé, en se faisant céder, en outre, les droits des adjudicataires primitifs. La preuve de ce fait est écrite en toutes lettres dans les dossiers des réclamations françaises soumises à l'examen de la commission de révision, et qui démontrent jusqu'à l'évidence combien était illusoire pour cette maison le prétendu recours aux tribunaux, auxquels la renvoie M. de Kératry. Toute justice pour elle, à cette époque, était un vain mot. C'est alors, en effet, que M. Jecker, avec d'autres Français, était jeté en prison, conduit de brigade en brigade, et violemment expulsé du territoire; plusieurs de ses propriétés étaient confisquées, et lui-même se trouvait hors la loi, sans avoir pourtant commis d'autre crime que le contrat passé avec l'administration déchue.

Exposé à des traitements aussi arbitraires, il est manifeste qu'il ne restait à M. Jecker que la ressource de revendiquer la protection de son gouvernement.

En présence d'une pareille situation, de l'appui sollicité en faveur de la maison Jecker, tant par ses créanciers que par la population française de Mexico, et aussi en vue des nombreux intérêts commerciaux qui se trouvaient compromis, le gouvernement français n'hésita pas à prendre cette affaire en sérieuse considération, et à la recommander d'une façon toute spéciale à ses agents diplomatiques. C'est en conséquence de ces instructions que M. le comte de Saligny, ministre de France, crut devoir inviter M. Zarco, ministre des affaires étrangères de Juarez, à faire de cette question l'objet d'une transaction amiable. Ces ouvertures eurent pour premier résultat de faire reconnaître en principe par le gouvernement mexicain lui-même la créance de la maison Jecker, ainsi qu'on le verra par la copie du document suivant :

Mexico, 22 juillet 1863.

Monsieur le ministre,

Nous soussignés, créanciers de la maison française connue sous la raison sociale J.-B. Jecker et Cie, avons l'honneur de prier Votre Excellence de vouloir bien nous accorder sa haute protection dans l'affaire que nous prenons la liberté de lui exposer de nouveau.

Dès les premiers jours de janvier 1861, cinq ou six cents négociants, commerçants, industriels et artisans de cette ville, presque tous Français, adressèrent à Votre Excellence un exposé, la suppliant de réclamer du gouvernement mexicain l'exécution des lois des 29 octobre 1859 et 30 janvier 1860.

Vers la même époque, une pétition analogue était présentée directement à Paris, à S. E. M. le ministre des affaires étrangères de l'Empereur, par quarante maisons de commerce importantes de la capitale.

Les deux lois dont il s'agissait de réclamer l'exécution avaient, comme Votre Excellence ne l'ignore pas, créé des bons appelés bons du 20 p. 100, et avaient réglé leur mode d'émission et de payement, en les déclarant recevables jusqu'à concurrence de 20 p. 100, en payement de tous les droits et contributions quelconques à percevoir par le fisc.

Après un examen attentif, Votre Excellence, frappée de la justice de notre réclamation, nous déclara que, vu toutes les circonstances de l'affaire, la France, dans son opinion, était engagée d'honneur à soutenir notre demande. Toutefois, Votre Excellence nous fit observer que le gouvernement de Juarez, arrivé au pouvoir depuis quelques jours à peine, était aux prises avec les difficultés, les embarras et les besoins qui assiégent tout gouvernement nouveau. D'ailleurs il n'était pas encore reconnu par la France. Enfin, sur une question si grave, et quelque indisputables que fussent à ses yeux les droits des pétitionnaires, Votre

Excellence désirait, avant d'agir, recevoir des ordres du gouvernement de l'Empereur. Elle nous engagea donc à attendre l'arrivée de ces ordres, tout en nous promettant d'aborder officieusement la question avec le gouvernement mexicain.

Cependant Juarez, méprisant les engagements les plus sacrés contractés par l'administration antérieure, avait déclaré nuls et non avenus toutes les lois et tous les actes administratifs du pouvoir auquel il succédait. Il refusa donc d'admettre les bons.

C'est ainsi que tombèrent sous le coup de cette mesure arbitraire des titres légaux de la dette publique, titres qu'avait créés un gouvernement légitime, reconnu par la France et par tous les gouvernements en relation avec le Mexique. Les détenteurs des bons se trouvaient donc dépouillés, le commerce privé des avantages que lui assurait le rabais des tarifs, et cela au mépris des engagements formels contenus dans les lois des 29 octobre 1859 et 30 janvier 1860 ; dans la dernière surtout, qui garantissait plus strictement encore l'accomplissement de la loi qui l'avait précédée.

Les choses en étaient là quand, au mois d'avril 1861, Votre Excellence, ayant reçu du gouvernement de l'Empereur des instructions à cet égard, insista, au nom de la France, sur l'exécution des lois qui avaient créé les bons Jecker. Devant ces légitimes et énergiques représentations, le gouvernement de Juarez n'osait et ne pouvait persister dans son déni de justice. Il admit donc, par la note de M. Zarco, en date du 2 mai 1861, la légalité des bons Jecker. Mais, tout en se reconnaissant solidaire des engagements régulièrement contractés au nom du pays par le gouvernement précédent, tout en se déclarant prêt à remplir ses engagements, il argua de la position difficile et des embarras du Trésor pour implorer, de la bienveillance du gouvernement de l'Empereur, des facilités et des délais.

On vit bientôt que Juarez ne cherchait qu'à gagner du temps, car la loi du 17 juillet 1861, qui suspendait les conventions étrangères, amena une rupture avec la France, l'Angleterre et l'Espagne. Chacun connaît les événements qui s'en sont suivis.

Aujourd'hui qu'on vient d'établir un gouvernement d'ordre et de moralité, les soussignés s'adressent de nouveau à vous, monsieur le ministre, pour obtenir que justice leur soit enfin rendue.

La plupart des bons dont il s'agit sont entre les mains de la maison J.-B. Jecker et Cᵉ ; ils forment une grande partie de son actif, et c'est sur eux qu'elle compte pour payer ses créanciers. Au mois de mai 1860, nous ne nous décidâmes à accorder les délais que demanda la maison que parce que nous crûmes fermement que des titres de la dette publique, dont l'origine revêtait un tel caractère de légalité, seraient respectés par tous les gouvernements qui pourraient se succéder. Si nous jugeâmes convenable d'en laisser la maison dépositaire, c'est parce que ses nombreuses relations lui permettaient de les écouler simultanément sur tous les marchés de la République ; néanmoins, ils ne cessent pas d'être une garantie en faveur de tous les créanciers.

Nous nous permettons également de faire remarquer à Votre Excellence que, par la teneur même du contrat dont nous réclamons l'exécution, la maison J.-B. Jecker et Cᵉ s'engagea à payer, pendant cinq ans, la moitié des intérêts afférant à chaque bon, tant qu'il n'aurait pas été amorti, ce qui constituait un avantage sur lequel avait compté la maison ; car les intérêts à payer diminuaient en raison même de la somme dont était diminué chaque bon par son amortissement ; et cependant cet avantage réel, condition du contrat, a cessé d'exister pendant une période de deux ans et demi, par le fait même de l'annulation des bons. Mais malgré cette violation continuelle des lois et des décrets relatifs aux bons, malgré l'annulation même du contrat, la maison J.-B. Jecker et Cᵉ n'a jamais cessé de payer, avec la plus grande exactitude, les intérêts qu'elle s'était obligée à servir, au point même d'avoir totalement acquitté ceux qui sont échus en juin de cette année.

Cette maison, malgré la violation flagrante à laquelle elle était en butte, ne pouvait se refuser à ce payement pour trois motifs.

1° Parce que chaque bon portait sa signature, avec l'obligation de le payer ;

2° Parce que le contrat notarié intervenu en date du 29 octobre 1859 entre la maison J.-B. Jecker et Cᵉ et le gouvernement mexicain portait l'obligation d'acquitter le payement des intérêts ;

3° Parce que, dans l'assemblée tenue par les créanciers le 9 juin 1860 devant le juge compétent, le procureur général de la nation, au nom du gouvernement, exigea que la maison J.-B. Jecker et Cᵉ, en son nom et en celui de ses créanciers, reconnût de nouveau, et en termes exprès, l'existence et la légitimité de toutes les obligations contractées par la maison et relatives au contrat de bons ; il demanda en outre que ces obligations, telles que les imposait le contrat, fussent exécutées préalablement à toutes les autres.

Il résulte de là que l'engagement de payer les intérêts est une obligation privilégiée, qui lie non-seulement la maison, mais aussi tous les créanciers : de telle sorte qu'il n'est ni convenable, ni possible même, de refuser le payement des intérêts.

Les pertes considérables résultant, pour la maison J.-B. Jecker et Cᵉ, de la non-admission des bons et de l'obligation de payer les intérêts pendant une si longue période, sont retombées naturellement, et par le fait même, sur les nombreux Français, Anglais, Américains, Mexicains et autres, ainsi que sur la caisse d'épargnes et sur les établissements de bienfaisance qui sont créanciers de cette maison.

Mais, nous le répétons, aujourd'hui qu'il s'est établi, sous la protection du drapeau français, un gouvernement qui ne peut se refuser à remplir les engagements régulièrement contractés par la République, nous nous adressons à vous en toute confiance pour obtenir justice par l'exécution loyale des lois des 29 octobre 1859 et 30 janvier 1860.

Dans cette espérance, veuillez recevoir, monsieur le ministre, l'assurance de la haute considération avec laquelle nous avons l'honneur d'être,

de Votre Excellence,

les très-humbles et très-obéissants serviteurs.

(Suivent plus de cent cinquante signatures.)

A S. Ex. M. le comte A. de Saligny, envoyé extraordinaire et ministre plénipotentiaire de S. M. impériale au Mexique.

Il est évident que la maison Jecker n'était pas seule intéressée dans cette affaire, mais encore la totalité de ses créanciers, auxquels, par contrat passé le 9 juin 1860, et où intervint le procureur général de la nation, on imposa l'obligation de remplir de préférence les engagements que cette maison avait contractés avec le gouvernement mexicain, relativement à l'affaire des bons. Rien de plus légitime assurément que la protection accordée par le gouvernement français à cette maison, puisqu'elle réclamait en faveur de nombreux intérêts français, et qu'elle-même était sans contredit française : un de ses associés étant Français, et M. Jecker lui-même étant né Français, bien que son pays ait été postérieurement cédé à la Suisse ; nous devons ajouter que, dès l'année 1844, il n'avait cessé de réclamer ses droits de Français, reconnus seulement plus tard. A-t-on jamais contesté cette qualité de Français à son frère, le docteur Jecker, qui a légué de fortes sommes à des institutions françaises ?

On comprendra facilement qu'après les circonstances qui viennent d'être rappelées, et dans la situation politique où se trouvait placé le pays, la maison Jecker, paralysée dans toutes ses opérations, frappée dans son crédit, par suite de l'inexécution des engagements pris envers elle, et ayant retiré de ses caisses des sommes considérables en effectif pour y substituer un papier désormais sans valeur, ait été dans la nécessité de déposer son bilan. Du reste, ses créanciers n'ont pas hésité à venir en aide à sa pénible situation en lui accordant des atermoiements. De son côté, la maison Jecker, lors du dernier arrangement conclu avec le gouvernement de Maximilien, s'est empressée de payer à ses créanciers un dividende de 50 p. 100. Et si, en outre, le Mexique, où cette maison a encore des intérêts si considérables, continue de marcher d'un pas ferme dans la voie de l'ordre et du progrès, n'a-t-elle pas les plus justes motifs de croire qu'elle pourra promptement rétablir son crédit, et développer les vastes et utiles entreprises qu'elle avait commencées et qui ont été si fatalement paralysées !

M. de Kératry reproche encore à cette maison d'avoir opéré sur des bons de peu de valeur ; s'il avait mieux étudié la brochure de M. Payno, qui lui a servi de guide dans cette discussion, il y aurait vu, page 258, ce que valaient à peu près les Consolidés mexicains. Quoiqu'un grand nombre de ces bons aient été acquis à un prix très-élevé, ils n'ont cessé cependant d'être dépréciés, par la raison que le gouvernement n'a jamais pu payer ni capital ni intérêts. Il n'est possible d'en tirer parti qu'en faisant des opérations pour acquitter des droits de douane, et moyennant le versement d'une certaine somme en numéraire ; le gouvernement restant d'ailleurs responsable du montant de ces bons, puisqu'il l'a reçu dans ses caisses, soit en argent, soit en valeur équivalente. Du reste, M. de Kératry ne saurait méconnaître que de semblables opérations ne pourraient être faites sous les mêmes conditions que celles qui se contractent ordinairement avec des gouvernements tels que ceux de l'Europe.

L'auteur prétend (page 120 de la *Revue*) que le gouvernement mexicain aurait dû recevoir 25 p. 100 en argent comptant, soit un bénéfice de dix-huit millions sept cent cinquante mille francs, produit de la soulte des soixante-quinze millions de francs, tandis que, en raison de la manière dont la maison Jecker a su présenter, après coup, l'affaire au gouvernement, il n'a reçu que celle de sept millions quatre cent cinquante-deux mille cent quarante francs. Comment se fait-il que M. de Kératry soit parvenu à se procurer des documents aussi importants sur cette affaire, tant du cabinet de l'empereur Maximilien que de l'inspection générale des finances, établie alors à Mexico, et qu'il n'ait pu obtenir le contrat notarié que la maison J.-B. Jecker et Cᵉ a passé avec le gouvernement mexicain le 29 octobre 1859 ? Rien n'était plus aisé pourtant, puisqu'il existe en entier dans la brochure de M. Payno. Il y aurait vu que l'article 5 de ce contrat dit : « MM. Jecker et Cᵉ percevront pour leur compte, sur la prime de conversion, 10 p. 100, pour couvrir leur responsabilité pour les intérêts, et 5 p. 100 pour leur commission ; de sorte qu'il restera au gouvernement 10 p. 100, sur les conversions faites à 25 p. 100, 12 p. 100 sur celles qui se feront à 27 p. 100, et 13 p. 100 sur celles qui se feront à 28 p. 100. » Par là, on voit clairement que le gouvernement ne devait recevoir de la soulte que 10, 12 ou 13 p. 100, et non 25 p. 100, comme M. de Kératry affirme qu'on l'avait fait entendre dès le principe. Ayant de plus, entre ses mains, le rapport de M. Corta, puisqu'il le cite « textuellement, » comme il le dit, page 135, il ne reproduit néanmoins que les passages qui conviennent à sa thèse, se gardant bien de publier ce qui peut militer en faveur de la maison Jecker. Il a jugé convenable de passer sous silence la plus grande partie de ce document, le plus important de tous, puisqu'il offre le tableau de toute l'affaire et permet de l'embrasser d'un coup d'œil. D'ailleurs ces 15 p. 100 ont été rendus aux porteurs de bons, comme intérêts que la maison Jecker leur a servis pendant cinq ans, du 30 juin 1860 au 30 juin 1865, bien qu'elle n'ait réellement reçu que 10 p. 100 pour effectuer ce payement, d'après les termes de son contrat.

Voyons maintenant si la maison Jecker a payé son 10 p. 100 sur les 14,378,700 piastres, montant des trois conversions. Elle a payé, ainsi que le confirme le rapport de M. Corta :

1,021,120 piastres,	en argent effectif ;	
100,000	—	en trois ordres ou traites sur les douanes, échues et non payées ;
70,000	—	en habillements militaires, d'après les prix du tarif ;
24,750	—	en bons nouveaux du 20 p. 100 ;
222,000	—	en divers bons ;

1,437,870 piastres, somme que la susdite maison avait pris l'obligation de payer, soit sept millions cent quatre-vingt-neuf mille trois cent cinquante francs. Il est vrai qu'elle a payé 246,750 piastres en bons ; mais avant d'effectuer une de ces trois conversions, elle a fait au gouvernement ses propositions par écrit, en détaillant le mode de payement; propositions qui furent acceptées. Ainsi, sur ce point, toute récrimination est impossible. Ayant payé sa soulte, elle a également délivré les 14,378,700 piastres en bons anciens, et a reçu en échange une somme égale de bons nouveaux du 20 p. 100, soit soixante-onze millions huit cent quatre-vingt-treize mille cinq cents francs. La maison Jecker a-t-elle rempli, oui ou non, ses engagements? Où est la fraude? Où est la spoliation?

M. de Kératry prétend aussi que, lorsqu'on a conclu l'affaire, le gouvernement de Miramon se trouvait circonscrit à la ville de Mexico et à sa banlieue ; c'est là une erreur manifeste. Pour que M. de Kératry puisse se convaincre, il lui suffira de nommer une personne de sa confiance, à laquelle on présentera les comptes de ventes de bons du 20 p. 100, qui ont été faites par les maisons les plus honorables de Guadalaxara, Puebla, Guanaxuato, Leon, San Luis, Zacatecas, Queretaro, Aguas-Calientes, Tepic, Oaxaca, Jalapa, Cordova, Orizaba, Tehuacan, Tulancingo, Pachuca, Zimapan, Cuernavaca, Celaya, Toluca, etc., etc. D'ailleurs n'est-ce pas un fait de notoriété publique que Juarez, après être sorti de la république, était venu s'installer à Vera-Cruz, où bientôt après il était assiégé par Miramon ?

Si cette maison a traité avec le gouvernement de Miramon, c'est qu'il était généralement reconnu dans la république, qu'il occupait la capitale, et qu'il avait été reconnu par le corps diplomatique. Ce motif seul suffisait pour qu'une maison étrangère ne se permît pas de se faire juge de la légitimité de ce gouvernement.

Chose fâcheuse, l'auteur n'a pas été mieux renseigné sur l'amortissement des anciens bons et l'émission des nouveaux que sur les autres points relatifs à cette affaire. Il saura que les employés du Trésor, chargés de la liquidation des anciens bons qu'on leur présentait, donnaient, après les avoir amortis, un certificat du montant de cette liquidation. Ce certificat était présenté ensuite à la maison J.-B. Jecker et C⁰ au moment du versement de la soulte; puis on recevait les nouveaux bons, portant leur numéro d'ordre de la Trésorerie, la signature du ministre des finances, celle du trésorier, celle du comptable, ainsi que celle de la susdite maison, qui y apposait également son numéro d'ordre. Le porteur était ensuite obligé de les présenter de nouveau à la section du Crédit public, où l'on en prenait note sur le grand-livre. On peut aisément se convaincre par là qu'aucune espèce de fraude n'était possible. Nous tenons à la disposition de quiconque prend intérêt à cette affaire des bons amortis, sauf une légère fraction ; on verra que toutes les formalités de contrôle que nous indiquons ont été remplies.

On commet encore une erreur en prétendant que si l'affaire primitive eût reçu son exécution, tout le bénéfice eût été uniquement pour la maison Jecker, principale détentrice de ce papier. En effet, il est établi surabondamment, par les dispositions du décret précité, qu'on ne recevait les bons du 20 p. 100 qu'en payement des droits de douane ou de contributions. Or, quelle maison pouvait recevoir une quantité suffisante de marchandises pour que ces bons fussent promptement amortis ? Aucune assurément; il fallait de toute nécessité s'adresser au commerce en général pour les écouler, autrement leur amortissement devenait impossible. C'est ce qui explique comment l'opération offrait plus d'avantages au commerce qu'aux détenteurs de ces bons. Celui-ci les réalisait de suite, sans courir le moindre risque, en retirant un bénéfice de plus de 65 p. 100, comme il a été démontré plus haut.

Il ne sera pas hors de propos d'ajouter que la lecture seule de la pétition du 22 juillet 1863, souscrite par de nombreux Français, du rapport de M. Corta, et du contrat passé avec le gouvernement de Maximilien, le 25 août 1863, suffira pour constater l'emploi qu'on a fait de ces bons, jusqu'à leur complet amortissement, en faisant disparaître en même temps cette fantasmagorie de millions qui auraient été vendus, comme le croit M. de Kératry, sur les places de New-York et de la Havane.

Dé ce qui vient d'être exposé, il résulte qu'à l'époque où l'opération des bons a été conclue, la maison Jecker a traité avec le seul gouvernement qui existât alors, c'est-à-dire celui de Miramon, officiellement reconnu par le corps diplomatique. Comme agent du gouvernement, elle a scrupuleusement rempli, et même au delà, les conditions de son contrat, puisqu'elle a continué de payer les intérêts à sa charge, malgré la suspension de l'affaire. Comme détentrice de bons, elle a payé sa soulte et présenté la somme équivalente en bons anciens destinés à être convertis et échangés contre de nouveaux, de même que l'ont fait les autres intéressés. Elle en a, de plus, rendu compte jusqu'à leur complet amortissement. On est donc en droit de se demander comment on a osé prétendre que cette maison n'a pas rempli les conditions de son contrat, et qu'elle a réclamé quinze millions de piastres ou soixante-quinze millions de francs, tandis qu'il est démontré jusqu'à l'évidence que jamais elle n'a demandé autre chose que l'exécution pure et simple d'un contrat solennel, obligatoire pour les deux parties contractantes, et qui d'ailleurs ne pouvait recevoir son accomplissement qu'avec le concours et la coopération du commerce.

Si donc on avait pris la peine d'examiner cette affaire avec impartialité et sous son véritable point de vue, on eût été facilement convaincu que toutes les calomnies et les accusations auxquelles elle a servi de prétexte ne reposaient sur aucun fondement. On aurait vu ce qui ressort de tous les documents rappelés dans cet exposé, et déjà connus, que l'opération des bons du 20 p. 100 n'a été conclue qu'après avoir été soumise à l'approbation de la légation française ; qu'après l'annulation de ce contrat, à la suite du renversement de Miramon, l'exécution en a été réclamée par le représentant de la France, et à la demande des principaux commerçants français et étrangers établis à Mexico ; et qu'enfin le gouvernement de Juarez lui-même en a reconnu, en principe, la validité. Il en résulte encore que, conformément aux instructions du gouvernement français, ses divers agents au Mexique n'ont cessé d'intervenir soit auprès de l'administration de Juarez, soit auprès de Maximilien pour que ce contrat, reconnu comme avantageux pour le commerce, fût l'objet d'un arrangement équitable ; que cet arrangement, soumis aux délibérations des agents français, puis du Conseil d'Etat, a été définitivement arrêté et sanctionné par le gouvernement de Maximilien, et qu'il a même été exécuté en partie. Qui donc pourra penser qu'une opération dont les détails sont maintenant connus, et dans laquelle sont intervenus depuis son origine les agents les plus élevés des deux gouvernements, ait été une œuvre de fraude et de spoliation ? Comment ne pas reconnaître, avec tout esprit impartial, que cette affaire a servi uniquement de prétexte à des calomnies et à des accusations exploitées avidement par l'esprit de parti ? Aujourd'hui donc, nous faisons appel à la conscience publique, et il nous suffit de répondre à toutes les calomnies répandues sur la maison J.-B. Jecker et Cᵉ, par des chiffres et des faits qui résultent de documents authentiques et irrécusables.

J.-B. JECKER.

Paris. — Imprimerie DUBUISSON et Cᵉ, rue Coq-Héron, 5.